MINISTÉRIO DO TURISMO E ÁGUAS DE MANAUS APRESENTAM:

BIOGRAFIAS COLABORATIVAS

2ª EDIÇÃO

COORDENAÇÃO EDITORIAL MAITÊ FREITAS
PRODUÇÃO EXECUTIVA JULIANA OSMONDES
CAPA E PROJETO GRÁFICO TUNDRA STUDIES - KARINA ABICALIL E CLAUDIO PORTUGAL
DIAGRAMAÇÃO CAROLINA MENEZES
REVISÃO JANAINA RAMOS E RAFAELLA PAIM

Catalogação na publicação
Elaborada por Bibliotecária Janaina Ramos – CRB-8/9166

R467

Rezende, Marília Gabriela Gondim

Vanda: do Alto Solimões para o mundo / Marília Gabriela Gondim Rezende – 2. ed. – Rio de Janeiro: Sagre Consultoria, 2021.

(Biografias Colaborativas)

64 p.; 14 X 21 cm

ISBN 978-85-93615-07-8

1. Biografias de mulheres. I. Rezende, Marília Gabriela Gondim. II. Título.

CDD 920.72

Índice para catálogo sistemático
I. Biografias de mulheres

VANDA

DO ALTO SOLIMÕES PARA O MUNDO

ESCRITO POR

MARÍLIA REZENDE

PARTE DO PROJETO

BIOGRAFIAS COLABORATIVAS

2ª EDIÇÃO

Oralitura

Este livro é dedicado a todas as mulheres
que moram em periferias, empreendem, sonham,
sofrem, superam, conquistam, aprendem, resistem,
acreditam, recomeçam, lutam e inspiram.

Às Chays, Maíses, Michelles, Rutes e Vandas,
o nosso muito obrigado.

O PROJETO

BIOGRAFIAS COLABORATIVAS MANAUS

Cinco manauaras. Batalhadoras, empreendedoras, periféricas, incríveis. A vida delas daria um livro. E foi isso que a gente fez. A 2ª edição do projeto Biografias Colaborativas traz o brilho e a personalidade de mulheres inspiradoras.

Chay, Maíse, Michelle, Rute e Vanda agora têm suas histórias transformadas em livros – livros que terão o último capítulo em branco. E é você que vai ajudar a preencher estas páginas. É que toda a receita das vendas será direcionada ao negócio de cada empreendedora. Assim, elas poderão investir em seus sonhos e escrever mais que um final feliz, um recomeço feliz.

O que queremos com isso? Queremos que outras mulheres vejam, se inspirem e corram atrás dos seus sonhos. Que acreditem que é possível empreender e ter uma história de sucesso na periferia. Essas cinco manauaras acreditaram e chegaram até aqui. E vão chegar muito mais longe.

PREFÁCIO

MULHERES MÚLTIPLAS E TRANSFORMADORAS

Escrever o prefácio de um livro sobre mulheres empreendedoras é quase tão intenso quanto falar da Amazônia. Acho que por ser brasileira, "caboquinha" e empreendedora trago a responsabilidade de chamar a atenção para essas histórias que serão reveladas por meio do projeto "Biografias Colaborativas". Cada biografia é única, tem a própria verdade e caminhos distintos, mas traz algo em comum: o acreditar que se pode realizar, seja por necessidade ou oportunidade.

Nos últimos meses, tive a oportunidade de conhecer um pouco mais sobre o negócio e a vida dessas brasileiras, que lutam, como tantas, para realizar seus sonhos. Tive momentos de inspiração e de transpiração, ao elaborarmos os planos de ação dos negócios que elas escolheram para colocar no mercado. Vou mencionar pelo menos uma característica de cada uma dessas cinco mulheres, que pode inspirar a tantas outras que querem ter o próprio negócio.

Começo pela Chay Santos, que traz a inquietude na sua fala e não mede esforços para usar a criatividade como um instrumento. Desde cedo, sabia que precisava romper barreiras e trouxe a autoconfiança como uma característica essencial para seguir como produtora de conteúdo no marketing digital.

Quando penso em Maíse Ribeiro, penso em alguém que tem a força do feminino e a transformação da mulher por meio da dança. Ela faz com que cada mulher revele a "deusa" que existe dentro de si e a força do empoderamento feminino. É encantador conhecer todos os elementos que a Dança do Ventre carrega e os benefícios que proporciona para a saúde física e mental.

A talentosa Michelle Leite é alguém que tem na alma o sonho de ser uma chef de cozinha reconhecida por uma culinária afetiva, baseada em memórias. Desde a infância, o gosto pela cozinha faz parte da vida da Michelle, e empreender tem trazido aprendizados e um mundo de novas oportunidades.

Uma história com grandes ondas pode ser revelada na vida de Rute Lima. Uma carioca que ousou recomeçar em um novo território, sem nenhum apoio financeiro ou emocional. Rute traz uma verdade tão profunda que pode deixar qualquer um estarrecido nos primeiros segundos de conversa. Sua narrativa e poder de argumentação demonstram um conhecimento profundo sobre o Direito e sobre a coragem para sobreviver, pois a vida exigiu muito.

Já Vanda Ortega carrega a história dos povos originários construída por resistência e luta, por meio de um negócio com foco na moda. As peças produzidas com os grafismos, pintadas à mão, transmitem originalidade e possibilitam uma conexão com a sociedade. Um trabalho que permite o fortalecimento de mulheres. Vanda tem uma verdade mágica e, ao mesmo tempo, encanta com a sua força e com a história de seus ancestrais.

Essas cinco histórias evocam coragem e podem impulsionar muitas mulheres na busca de construir o novo e de ter as suas vidas transformadas. Torço para que esse projeto possa continuar se perpetuando e que revele novas biografias com as nossas raízes brasileiras e a nossa etnodiversidade.

ROZANA TRILHA

PRESIDENTE DA ASSOCIAÇÃO ZAGAIA AMAZÔNIA

INTRODUÇÃO

Prestamos um serviço essencial para Manaus. Todos os dias, nosso trabalho faz a diferença na vida de mais de 2,2 milhões de pessoas que moram aqui. Um dos propósitos da Águas de Manaus é ir além da simples prestação de serviço. Nosso objetivo é construir boas relações com a cidade, ouvindo e conhecendo quem são as pessoas que fazem uma metrópole do tamanho de Manaus funcionar.

Ao buscar visibilidade para histórias inspiradoras na maior cidade do Norte do Brasil, o projeto "Biografias Colaborativas" encontrou uma conexão com os valores que a companhia aplica em seu dia a dia. As cinco empreendedoras selecionadas mostram que Manaus é uma cidade que está sempre de braços abertos, acolhendo a todos de maneira calorosa. Ao mesmo tempo em que busca crescimento constante, o manauara é um povo que nos ensina grandes lições diariamente.

Desde que o projeto nos foi apresentado, sabíamos que o "Biografias Colaborativas" tinha a cara da Águas de Manaus. Ao transformar as histórias de mulheres como Vanda, Rute, Chay, Michelle e Maíse, queremos nos tornar multiplicadores de oportunidades. Nosso intuito é que os livros despertem emoções e sejam fontes de inspiração para o sucesso do maior número possível de pessoas.

Agradeço à sensibilidade e ao envolvimento de nossas cinco biografadas com o projeto. Manaus merece conhecer essas histórias. Também agradeço ao Ministério do Turismo, NBS SoMa, Sagre Consultoria e Secretaria Especial da Cultura pela parceria. Boa leitura!

THIAGO AUGUSTO TERADA

DIRETOR-PRESIDENTE DA ÁGUAS DE MANAUS

SUMÁRIO

05

COSTU RANDO HISTÓRIAS NO ATELIÊ DA VIDA

PG 55

ESCRITO POR

MARÍLIA REZENDE

VAN
DA

DO ALTO SOLIMÕES PARA O MUNDO

CAPÍTULO

01

INFÂNCIA E ADOLESCÊNCIA: O VERDE E O AZUL DO ALTO SOLIMÕES

Do centro da Terra às águas do Alto Rio Solimões, surge uma menina singular, uma criança que dava sinais de que teria um futuro promissor, que produziria e materializaria sonhos coletivos. Essa é Vanda, nascida na Comunidade Porto Ortega. Quando pequena, era acordada por Edson Ortega, seu pai, que fazia a criançada correr várias vezes ao redor do campinho. Desde muito cedo Vanda, seus irmãos e as crianças da comunidade aprenderam com o Sr. Edson a importância de despertar com o nascer do sol, de observar os sinais da natureza e socializar através do trabalho.

Depois das voltas ao redor do campinho, a criançada descia até o igarapé, tomava banho e conversava. Na volta, Vanda subia para casa com um balde cheio de água. Entre as corridas no campinho e as brincadeiras no igarapé, desde criança ajudava os pais na conquista do alimento e na organização da casa.

Com o seu pai aprendeu a pescar; ainda guarda na memória as técnicas que seu Edson ensinou. Com a avó, Dona Teresa, aprendeu a caçar e preparar as refeições aproveitando todas as partes da caça.

A infância de Vanda foi marcada pelos sabores e cheiros das comidas da avó. Panelas e panelas eram utilizadas na produção de alimentos. O cheiro exalava longe... Os pratos saborosos da Dona Teresa ainda são lembrados com amor por toda a comunidade Witoto.

Sentir esses aromas é como reviver momentos especiais, transpor a alma e dar vida àquele universo particular. Às vezes, o cheiro de saudade alimenta.

Dona Teresa era uma mulher forte, preocupada com causas ambientais. Sobreviveu às inúmeras perseguições que o seu povo sofreu. Aprendeu a resistir e ensinou à Vanda o valor de ser mulher Witoto.

Vanda nasceu e cresceu consciente de que o genocídio dos povos indígenas é uma realidade, uma marca cravada na história do Brasil. Por isso, Vanda se fez forte, resiliente e resistente às adversidades provocadas pelas consideradas "hegemonias".

O isolamento territorial dos Witoto e as casas construídas no alto foram maneiras encontradas para manter as famílias seguras, protegidas das intempéries da vida na floresta e, principalmente, do preconceito que, ao longo da história, acabou em perseguições e mortes.

Certa vez, quando brincava com seus irmãos e outras crianças, ouviu sua avó gritando: corram, corram, corram, subam na casa e fiquem lá em cima! Vanda não titubeou e seguiu o conselho da avó. Em seguida, um barulho muito alto ecoou na casa, como se fosse um furacão avançando, mas era uma concentração de porcos-do-mato que passou destruindo as casas e parte da comunidade.

Nessa ocasião, os homens haviam ido para a cidade e só as mulheres estavam na comunidade. Elas não hesitaram em proteger o território e, munidas de espingardas, mataram todos os porcos. Depois, na dúvida, precisaram esperar o susto e o tempo passar para, aos poucos, descerem do topo das casas. Vanda observou tudo e pôde entender o porquê da altura das casas. Olhando ao redor compreendeu mais ainda que o ser mulher Witoto era sinônimo de força, fortaleza e potência.

Os Witoto sempre tiveram um respeito profundo à natureza, aos animais e ao ambiente como um todo. Apesar do trabalho em reorganizar as casas, eles continuavam suas atividades. Afinal, os infortúnios ambientais sempre fizeram parte do cotidiano, mas o genocídio não.

O silêncio do Alto Solimões fala. As águas sempre abrilhantaram os olhos de Vanda. Pisar no solo descalça, sentir o cheiro da terra, caminhar sentindo a vida da natureza que pulsa no coração do Witoto. Ela gostava de se sentar na frente de casa e olhar para as árvores, ouvir a música contida no canto dos pássaros.

Nascida em meio a esse riozão, ela fincava sentimentos nas paisagens do Alto Solimões. O espelhar das árvores nas águas mostrava que não dá pra separar o que está ligado: as águas, as terras e as florestas, como diria o grande intelectual Antonio Carlos Witkoski. Dava para ver a dança das copas das árvores nas águas, de tão imponentes que eram. Eis a beleza do Alto Solimões, eis a magia da comunidade Porto Ortega...

Vanda admirava a beleza daquelas terras e se perguntava: por que ali ainda não havia escola? Por que as pessoas que querem estudar têm que ir para a cidade? Inquietudes e questionamentos de alguém que protagonizaria importantes processos na educação. Não tinha escola, mas tinha seu pai, que acreditava na educação e repetia incansavelmente para a filha: "somente a educação transforma o mundo!" Ainda que sem escola, ensinar não seria um problema para o Sr. Edson, mas sim a solução para muitas daquelas crianças. Os ensinamentos estavam presentes nas tarefas do dia a dia, nas brincadeiras, rodas de conversa, no quadro de isopor e no giz de carvão. A cada segundo, o Sr. Edson transmitia um pouco do que sabia, mesmo tendo estudado somente até a 5ª série. Com esforço e sem ajuda, se dedicava diariamente à educação das crianças da comunidade.

O Sr. Edson era o "ensinador" da cultura material e imaterial, era o resplandecer dos Witoto. Ele era um professor da vida, ensinava Vanda e as crianças da comunidade a serem fortes e a lidar com as adversidades da vida comum. Não era só um pai; era amigo, parceiro, companheiro, "ensinador" das mais variadas artes que existem no universo. A forma como pegava nos instrumentos da pesca era singular, os abraços, os carinhos, o olhar sábio e toda a demonstração de um amor incondicional pela filha. Como um feixe de luz, o Sr. Edson resplandecia na alma de Vanda e naquilo que seria o grande sonho dela no futuro. Ele mostrava no cotidiano o significado de ser Witoto.

A cada ensinamento do pai, da avó, dos irmãos, das mulheres e de toda a Comunidade Porto Ortega, Vanda foi crescendo, vivendo, aprendendo e alimentando a cultura dos Witoto dentro de si. Consolidou os Witoto na alma, por meio das suas experiências de vida.

O sentar em roda, o preparo dos alimentos, o processo de salga, o cuidado com a terra, as brincadeiras e os ritos são apenas alguns dos muitos elementos que configuraram a cultura Witoto no seu imaginário.

A referência de Vanda é coletiva. Além dos ensinamentos do pai, as relações com as mulheres de sua vida sempre estiveram permeadas de respeito, cuidado, afeto, força e reconhecimento de potências. Sua mãe e avó espelham a potência nas águas de seus rios, assim como a copa das árvores nas águas do Solimões.

Vanda se orgulha em ser mulher Witoto. Mulher é sinônimo de garra, força e amor. Quando tentam apagar a essência feminina, ela ressurge forte, colorindo o preto e o branco. Esse mosaico de forças femininas alimenta o mundo de alegria, entusiasmo e esperança.

A alma de Vanda é uma metamorfose do seu Eu, dos Witoto que a habitam, das forças femininas que trilharam seu caminho e do movimento da natureza.

"Eu vim do centro da terra."

Ao crescer, Vanda percebe que a relação dos seus pais mudou. O Sr. Edson se envolve com outras mulheres e aumentam os momentos de tristeza e angústia de sua mãe, Dona Brasiléia. Com o passar do tempo, seu pai desenvolveu problemas de saúde e, nas demonstrações de amor, cuidado e afeto da Dona Brasiléia, aos poucos foram reinventando a relação. Vanda não discutiu o conceito de certo e/ou errado, mas pôde ver os diversos prismas que existem em uma relação. Embora tenha presenciado as diferentes formas de amar dentro do seio familiar, Vanda sempre acreditou na força dos encontros.

Vanda é colecionadora de momentos, guardadora da memória do seu povo. Observadora, sempre apreciou a organização da natureza como se tivesse algo sobrenatural, veiculando o seu olhar para as coisas da Mãe Terra. Essa sensibilidade, sagacidade, sabedoria e inteligência a conduziram para voos cada vez mais altos. Nas águas dos rios, nas estradas das terras, no chacoalhar das plantas, na força dos animais, no abrigo das casas, todas as memórias e caminhos de Vanda são a coletividade dos Witoto em si.

"Filha da sorte", assim foi carinhosamente denominada pelo seu pai depois de se destacar na pesca, tornando-se o talismã que garantia ao Sr. Edson voltar da pesca com o cesto carregado de peixes.

A vida dos Witoto sempre foi como a do peixe que foge do anzol. Os povos indígenas foram e continuam sendo perseguidos, caçados, e quase que devorados pelo sistema capitalista, que invisibiliza suas lutas e desvalida a filosofia de vida indígena de integração com a natureza.

Vanda sempre questionou o porquê de tanta perseguição a seu povo. Por que tanta briga para tentar existir e viver, quando isso deveria ser um direito garantido a todos os povos?

CAPÍTULO

02

A CHEGADA EM MANAUS: CADÊ O CANTO DOS PÁSSAROS?

Com dez anos de idade, ainda menina, Vanda deixou Porto Ortega e partiu para morar com sua tia Zenobia em Benjamin Constant (cidade do interior do estado do Amazonas). Aos 15 anos, por orientação médica, partiu para Irlândia, no Peru, onde realizou todo seu tratamento para a síndrome dos ovários micropolicísticos. Depois de todos os cuidados, resolveu voltar para sua comunidade na beira do Rio Solimões, em Amaturá, a mesma Porto Ortega da infância.

Ali, Vanda podia andar descalça, tinha acesso aos alimentos direto da terra, água ou floresta. O dinheiro era apenas para comprar algo que não pudesse ser produzido na comunidade e não tinha muita importância, dado o bem viver do povo Witoto.

Certo dia, convencidos de que seria melhor para a filha, Sr. Edson e Dona Brasiléia decidiram encarar o desafio de enviar Vanda para a cidade. Ela moraria em Manaus com Dona Gina, sua tia.

Vanda entrou no barco ainda sem querer soltar a mão de sua mãe e foi assolada por um dos sentimentos mais marcantes de sua vida: a despedida.

O coração bateu forte, sentiu uma tristeza que nunca havia sentido na vida, a cabeça parecia explodir diante da dor que sentia. Os pensamentos foram surgindo cada vez mais rápido diante do novo, do desconhecido e da saudade. Lembrou que seu pai sempre dizia que ela deveria ser como um pássaro, livre para ir em busca do melhor.

Vanda sentiu um vazio profundo, mas seguiu. Dona Gina não esperava por ela em Manaus, como prometido. Sem saber para onde ir, sua única alternativa foi aceitar abrigo na casa de uma senhora que a acolheu naquela noite.

Foram muitas informações novas para a menina recém-chegada à cidade grande, agitada, diferente da vida que conhecia. Vanda entrou em uma kombi lotada, sem assento livre, e foi obrigada a viajar no meio de mercadorias. Surpreendeu-se com as luzes dos carros, afinal, nunca tinha visto tantas luzes antes, nem mesmo no céu estrelado dos Witoto. Durante a viagem, observou uma mulher falando no celular, coisa que nunca tinha visto antes. Tantas coisas novas fora… e dentro, uma mistura de medo e angústia.

Vanda foi bem recebida na casa, mas a preocupação e a sensação de estar "perdida" foi tanta que não conseguiu comer nada e nem fechar os olhos naquela noite. No outro dia, Dona Gina buscou Vanda e seguiram para o Bairro Santo Agostinho, onde seria sua morada. Ganhava da tia R$100 por mês para fazer todas as atividades domésticas da casa e cuidar da prima.

Nos intervalos das atividades domésticas, Vanda gostava de relembrar a vida que levava na comunidade Porto Ortega. A fartura de alimentos, os pés descalços sentindo a terra, a pesca, o cultivo das plantas, o canto dos pássaros... Pulsava em sua cabeça a saudade do tempo em que podia se conectar profundamente com a Mãe Terra, como se o perfume da natureza alimentasse sua alma perene.

Acordar às 3h, preparar o café, organizar a casa e seguir para a escola. Essa passou a ser a vida de Vanda, que logo chegou à exaustão na tentativa de conciliar o estudo matutino com o trabalho exaustivo em troca de um salário irrisório. Ela não sabia o que significava R$100, afinal, na sua comunidade o dinheiro não tinha a importância que tem na cidade.

Um pedaço de papel, um significado e as relações de poder que esse simples pedaço de papel pode gerar. Como se a vida girasse em torno desse símbolo, como se fosse o princípio para a perpetuação da vida. Mas, qual a função do dinheiro? Vanda sempre se indagava sobre essas coisas. Seus princípios eram outros e seus sonhos mais diferentes ainda.

Com o tempo, o comportamento de Gina mudou e Vanda decidiu ir morar em outra casa, desta vez da Dona Simone, para cuidar de três crianças (duas surdas e uma não), o que lhe rendia R$150 mensais, ainda uma quantia que não era equivalente ao trabalho que realizava. Mas ela só queria ter um local para dormir e ter o que comer, coisas que não se comprava na comunidade Porto Ortega. O que não sabia naquele momento era que, sendo menor de idade, sofria exploração do trabalho.

Meses depois, Dona Simone dispensou os trabalhos de Vanda e ela novamente se viu obrigada a mudar para outra casa para trabalhar, a casa de uma família de nordestinos. Essa seria a casa mais desafiadora por onde passaria.

O trabalho quadruplicou. Vanda trabalhava na loja de roupas de sua patroa além de ter que cuidar da casa. Lavava muitas roupas na mão e sentia muitas dores no ombro e na coluna. Os "patrões" de Vanda não queriam que suas roupas fossem postas na máquina, pois eram "de marca" e exigiam "cuidados".

“Minha comunidade foi a minha escola.”

Nesse período, Vanda também ganhou muitas roupas de doação e passou a ter um quarto só para ela. Mas, nas semanas seguintes, começou a enfrentar uma das piores vivências de sua vida: o assédio por parte dos maridos das patroas e dos filhos dos patrões.

Novamente o medo, o coração palpitando, a angústia e a sensação de estar perdida. A luta interna de Vanda diante do sofrimento oriundo do assédio. Ela sentia profundamente o desrespeito e a objetificação simplesmente por ser mulher. Em um mundo repleto de machismo estrutural, essas coisas aparecem e aparecem muito...

Antes que os atos de violência física se concretizassem, Vanda tratou de arrumar suas coisas e ir embora. E assim ela passou anos (de 2002 a 2009) migrando de casa em casa. Nunca falou sobre isso com seus pais; sofria sozinha.

Foi na escola que Vanda encontrou apoio, abrigo e segurança, onde pôde conversar sobre os seus problemas. Ela escrevia cartas aos professores, descrevendo todos os problemas enfrentados nas "casas de família" onde trabalhava. Vanda nunca faltou a uma aula, porque lembrava dos ensinamentos do seu pai: "só a educação transforma o mundo".

Vanda silenciava diante da voz altiva de seus patrões, mas na escola era diferente, ela era referência na sala. Nas apresentações, pedia para os professores chamarem a atenção dos alunos para que fizessem silêncio enquanto ela falava. Sempre se destacando, Vanda era olhada com muito carinho e respeito pelos seus professores.

Na 5ª série, foi indicada para conduzir a direção de uma peça do "Sítio do Pica-pau Amarelo". Juntou todo o dinheiro que ganhou trabalhando nas "casas de família" por onde passou e comprou todos os figurinos. A peça foi um sucesso e Vanda só recebeu elogios. A partir daí, passou a ser convidada para participar de vários eventos culturais na escola, sempre protagonizando a organização das atividades.

Em 2008, Simone, uma das suas professoras, apresentou à Vanda uma oportunidade de trabalho na loja Tortas e Tortas. Mas, para concorrer ao cargo, Vanda precisaria enviar um currículo, coisa que obviamente não sabia o que era. Com muita sensibilidade, além de explicar o que era um currículo, Simone ajudou Vanda a redigir um. Após muitas orientações e até dicas de vestimentas (sapatos fechados, roupas brancas etc.), Vanda foi selecionada para três meses de experiência na loja.

Honestidade é uma das qualidades de Vanda e, logo no primeiro contato com o gerente da loja, tratou de esclarecer que embora não tivesse um curso de qualificação, sabia fazer muitas coisas. Djard, o gerente, gostou do posicionamento de Vanda pois era exatamente do que precisava, de pessoas com vontade de trabalhar e entusiasmo pela vida. A única solicitação foi que Vanda cortasse as unhas para poder trabalhar na produção e venda de alimentos, o que ela atendeu prontamente.

Djard gostou da proatividade de Vanda e ali rapidamente nasceu uma relação de muito respeito, carinho e amizade.

Sempre atenta, amorosa e dedicada, Vanda tinha uma forma singular de se comunicar com as pessoas, algo seu, genuíno. Isso sempre a colocou em posição de destaque. Em meio ao caos do dia a dia na cidade, ela trazia em sua bagagem a atenção ao presente e valorizava cada momento no seu trabalho e fora dele.

Ao entrar na Tortas e Tortas, Vanda recebeu um catálogo com 80 sabores de tortas e 80 códigos. Em uma semana decorou todos os sabores, nomes, coberturas e recheios, destacando-se na loja. Ela sempre levou a sério o slogan da loja: "Produtos de qualidade e serviço de excelência".

Após o fim do período de experiência, a supervisora da loja teve que viajar e Djard abriu uma vaga para o cargo de supervisão. Vanda foi a escolhida para assumir o cargo, mesmo em meio a outros profissionais que estavam na loja há quatro ou cinco anos. Ela ficou imensamente agradecida pela confiança e pelo reconhecimento e iniciou o trabalho como supervisora.

Foi um misto de alegria e realização, fruto da luta e determinação de uma mulher forte, guerreira, batalhadora e extremamente amorosa em tudo o que faz. Tanto que Vanda, a grande Derekine do povo Witoto, começou a alçar seus voos sem a mínima noção do que viria pela frente: o surgimento de sonhos em uma magnitude totalmente distante do que aquele horizonte estava disposto a mostrar a ela.

Porém, nem tudo são flores. Vanda enfrentou resistência por parte de sua equipe, que não aceitou que uma pessoa com três meses de trabalho assumisse um cargo de supervisão. Passou por muita discriminação, mas nunca pensou em desistir.

– Nossa, ela parece um pitbull, olha o formato do rosto dela. – era o tipo de comentário que passou a ouvir no próprio trabalho.

Identificando esses entraves, Djard ajudou Vanda a se qualificar por meio de cursos e palestras voltados à gestão de pessoas e organização de equipes, o que lhe garantiu o cargo de supervisora na matriz no período de 2009 a 2011.

Vanda adquiriu experiência e passou a sugerir algumas coisas a Djard, que se incomodou com as dicas da funcionária. Diante do desconforto, a melhor alternativa foi transferir Vanda para outra loja onde, embora tivesse que recomeçar todo o trabalho com uma nova equipe, também teria o benefício de ter a Carteira de Trabalho assinada pela primeira vez, o que promoveu mudanças significativas em sua vida.

Resiliente, Vanda conseguia redirecionar caminhos e fazer desvios que pareciam incontornáveis na sua história.

Mesmo com a vida caminhando bem, decidiu sair da "casa de família" onde estava e voltar para a casa da tia Gina a fim de guardar dinheiro para comprar o que precisava para viver com dignidade. Ainda assim, as despesas da casa eram tantas que foi impossível realizar o seu objetivo.

Mas, nesse interstício, Vanda conheceu Dona Rosa, que também morava no bairro Santo Agostinho. O medo de morar sozinha e a angústia pelo novo assombravam os pensamentos de Vanda. Porém, como toda Witoto, não se deixou abater e foi viver essa nova experiência. Alugou um quartinho na casa da Dona Rosa por R$100. Lá sim conseguiu juntar dinheiro e realizar o sonho da Dona Brasiléia de ter uma máquina de lavar e uma cômoda. Depois, seguiu para a realização do próprio sonho: comprou cama, lençol, ventilador e um liquidificador. Na cidade, a concretização de sonhos muitas vezes é determinada pelo dinheiro. Vanda decidiu que juntaria mais dinheiro, e para isso passou a viver de vitaminada à base de banana, leite e combinação de farinhas enriquecidas com vitaminas.

Para o ritmo de vida que estava levando, só vitamina era pouco, precisava de uma alimentação mais enriquecida. Rapidamente tratou de negociar com Dona Maria, dona do mercadinho, uma maneira de comprar e pagar de 15 em 15 dias (o famoso fiado). Começou a usar o fogão da Dona Rosa para fazer as refeições que por um bom tempo alimentaram as duas. Foi uma forma que Vanda encontrou de retribuir toda a ajuda que estava recebendo.

Apesar das dificuldades que enfrentava, naquela casa pôde se sentir realizada, comprava seu próprio alimento e não dependia de ninguém para isso. Respirava aliviada por não precisar mais viver em casas que abusavam da sua existência. Não se submeteria mais às ordens de patrões e tampouco de nenhum homem para tomar suas próprias decisões.

Vanda morou durante dois anos na casa de Dona Rosa, tempo em que construíram uma amizade forte. Duas mulheres que, mesmo com poucos recursos, ajudaram-se com amor, carinho e empatia. Esse tempo ficou marcado em sua vida. Lembra das risadas e do jeitinho amoroso de Dona Rosa, sempre disposta a ajudar as pessoas. Essa foi uma experiência feliz que fez Vanda acreditar na possibilidade de construção de laços de amizade verdadeira com pessoas da cidade.

CAPÍTULO

03

O COLORIDO DO ALTO SOLIMÕES NA UNIVERSIDADE

– Quem tiver o RANI tem possibilidade de acessar a universidade. – foi o que Vanda ouviu um rapaz falar aleatoriamente em 2015.

Como nunca tinha ouvido falar em RANI, ligou para Dona Brasiléia movida pela curiosidade e vontade de aprender.

– Mãe, eu tenho RANI? – foram as primeiras palavras de Vanda ao telefone.

Para sua alegria, Dona Brasiléia respondeu positivamente. Derekine, esse é seu nome Witoto no RANI (Registro Administrativo de Nascimento Indígena). O documento de registro estava lá sob a guarda da mãe. O que antes era somente um papel sem sentido, guardado dentro de uma pasta, finalmente trazia algum benefício. Mas por que ter um nome indígena registrado se o que valia era o outro? Muitas perguntas brotaram na mente de Vanda, questionamentos que seguiram com ela durante todo o curso universitário.

Vanda estava matriculada no vestibular. Como todo estudante, o nervosismo tomou conta e, no dia da prova, esqueceu o documento de identificação. Naquele período, Vanda estava casada, uma união que aconteceu sem muito furor. E foi seu marido, Sidnei, que saiu do trabalho correndo, pegou um mototáxi, passou em casa para pegar o RG de Vanda, correu entre os carros, ofegante, no meio do trânsito de Manaus e, finalmente, para alívio de Vanda, chegou ao portão da escola com o documento em mãos.

Ansiosa, foi na lan house de Samuel, no Bairro Santo Agostinho, que Vanda viu que tinha passado em primeiro lugar para o curso de pedagogia, entrando na universidade através do programa de cotas para indígenas. Ela correu, gritou, chorou, comemorou e teve a certeza de que ali começaria uma nova etapa na sua vida. No segundo semestre de 2016, Vanda ingressou como universitária na Universidade do Estado do Amazonas (UEA).

Foi emocionante a ida para aquele espaço, a sensação de um sonho realizado. Sonho que não era só dela, mas também do seu pai. Quando pisou na universidade, fechou os olhos e lembrou da frase que ele usava quando ela era criança:

– Minha filha, só a educação transforma o mundo.

O impacto do novo não se deu somente na realização de um sonho, mas com as coisas inimagináveis que Vanda começou a observar. O famoso "trote universitário" foi o primeiro estranhamento.

Bonecos feios pendurados nas janelas das salas, mensagens nos corredores e risos irônicos. O medo se instalou, trazendo consigo o mesmo sentimento de angústia vivido no barco quando fora pela primeira vez a Manaus. Não é difícil imaginar o que Vanda sentiu quando adentrou aquele espaço.

O dia do trote chega. Vanda se vê "obrigada" a andar com plaquinha de mensagem pendurada no pescoço por uma semana e a pedir dinheiro no sinal. O valor arrecadado foi destinado a uma instituição de apoio. O grupo de Vanda se destacou sendo o que mais arrecadou dinheiro no dia.

Aos poucos, Vanda começou a se divertir com os veteranos e o que no início era medo se transformou em diversão e acolhimento. Assim ela foi apresentada à universidade.

Uma semana depois do início das aulas, chegou um homem de 40 e poucos anos na sala de Vanda. Os professores pediram para que ele se apresentasse e ele iniciou sua apresentação falando em sua língua, o que traduzimos como:

– Sou Francisco Maricaua, do povo Kokama.

Aquele momento emocionou profundamente Vanda e ali foi embrenhado o embrião de uma grande amizade que se formaria. Em seguida ela pediu para se apresentar e falou também em sua língua: "Eu sou Derekine, sou Witoto". Francisco sorriu e a identificação foi imediata. Vanda se sentiu em casa ao encontrar em Francisco um amigo, um igual.

A amizade com Francisco transformou profundamente a vida de Vanda. Por meio dele conheceu outros parentes, como Ludimar Kokama, Erimar Satere Mawe, Délio Dessano, entre outros. Todos os estudantes indígenas da UEA. Essas relações a fizeram enxergar sua cultura e identidade sob outros prismas. O interesse pela própria história se fez urgente e Vanda começou a estudar profundamente sobre os Witoto e suas duras batalhas pela vida e por território:

– Algumas pessoas perguntavam se eu era indígena. A única coisa que eu sabia é que era Witoto. Eu nunca entendi. Eu não tinha noção do que era meu corpo, essa identidade. Nada. E aí esse entendimento, ele vem a partir de 2015.

Francisco capitaneou o grupo de parentes e Vanda o fortaleceu. Começaram a se articular e lutar por políticas de permanência dos indígenas na UEA. Montaram a Coordenação Estudantil Indígena, que estava há anos parada. Embora estivessem na faculdade, a dificuldade em manter as necessidades básicas dependia do dinheiro que não tinham.

A vida nas Terras Indígenas é completamente diferente da vida na cidade, começando pelo emprego do dinheiro. Enquanto nas comunidades o dinheiro é usado somente para comprar gasolina para locomoção nas voadeiras, roupas e outros utensílios não produzidos lá, na cidade o dinheiro é utilizado para tudo: alimentação, moradia, transporte etc.

Os parentes[1] de Vanda chegaram à cidade e à universidade completamente perdidos, ninguém mostrava os caminhos, não havia orientações e muito menos direcionamentos nos espaços da universidade. Identificando esses problemas, ela e seus parentes fizeram um documento e solicitaram uma audiência pública na UEA para exigir políticas públicas que pudessem ajudar a manter os estudantes indígenas na universidade. Começa ali um movimento de fortalecer ainda mais o grupo para reivindicar seus direitos. E Francisco sempre compartilhando seu posicionamento:

– Precisamos colorir a Universidade com as nossas penas.

Essa frase foi uma inspiração para Vanda. O grupo encarou inúmeras barreiras, principalmente em encontrar professores dispostos a orientar estudantes indígenas.

Percebendo a invisibilização dos indígenas dentro da universidade, o grupo passou a usar o cocar como indumentária de representatividade ancestral para falar das dores coletivas vividas pelos estudantes. Essa ação despertou a curiosidade dos alunos e deflagrou o preconceito arraigado no corpo docente, que repetia incansavelmente:

– Universidade não é lugar de índio.

Porém, o movimento do grupo e de Vanda foi tão forte e contagiante que as coisas começaram a mudar. Os professores começaram a disputar como troféu os alunos indígenas, pela visibilidade que passaram a ter. Mas eles não estavam ali para serem disputados, e sim para aproveitar a oportunidade de poder estudar, como todos os alunos.

---

1 O termo "parente" é utilizado por Vanda para mencionar os indígenas com quem ela convivia, tanto os próximos como os distantes. É um termo que representa a cosmologia de diferentes povos que são ligados pela alma.

“Só a educação transforma o mundo.”

Essa ação incomoda Vanda, que sempre deixou claro em suas falas e posicionamentos que não queria visibilidade, mas oportunidade e equidade de condições para permanecer na universidade. E foi assim, sempre se posicionando, que Vanda começou a protagonizar importantes processos e transformações dentro da UEA e fora dela.

Dos feitos de Vanda e do seu grupo podemos listar a principal luta, a de reivindicação dos direitos dos povos indígenas na universidade. Redigiram uma carta com 20 reivindicações, entre elas a concessão de vale-transporte, vale-alimentação, bolsas de apoio acadêmico e apoio psicológico. Destacaram ainda a necessidade de uma política linguística, uma vez que os estudantes indígenas encontravam inúmeras dificuldades por conta da língua. Apontaram a imprescindibilidade de valorização da língua nativa e apoio aos indígenas na compreensão da língua portuguesa.

Em 2017, a reitoria lançou editais com vagas específicas (5%) para estudantes indígenas. Vanda começou a ocupar espaços importantes dentro da universidade. O grupo organizou o 1º Encontro dos Estudantes Indígenas da UEA, ganhando força dentro da universidade em prol de sonhos coletivos.

Com o apoio das professoras Célia Betiol e Geiviane Justino e dos professores André Estácio e Egle Wanzeler, docentes da UEA, foram criados três projetos fundamentais. O primeiro foi intitulado "Diálogos interculturais", que visava mapear todos os estudantes indígenas da universidade e consolidar um grupo de estudos voltado a diversos temas. O segundo teve como título "Língua portuguesa para indígenas (L2)", que visava apoiar os discentes na compreensão da língua portuguesa e, o terceiro, foi intitulado "Tecendo redes", que apoiava os indígenas através de projetos nas comunidades.

O tempo passou e o protagonismo de Vanda e de seus parentes se potencializou nos espaços da universidade. Os professores se envaideceram dizendo que estavam dando voz aos indígenas, mas Vanda se opôs todas as vezes que ouviu essa narrativa, afirmando que ela e seu povo estavam escrevendo a própria história com a própria voz.

Única mulher no grupo, Vanda passou a adentrar outras esferas de poder, como o Movimento dos Estudantes Indígenas do Amazonas (MEIAM), sempre em busca da concretização de sonhos coletivos.

O grupo em que a presença de Vanda foi fundamental deixou um importante legado na UEA. Ele modificou a relação entre os estudantes indígenas e os professores através de longos e sucessivos debates produzidos sob o prisma de outras cosmologias. Vanda sempre lutou por oportunidades:

– Não queremos ser objetos, queremos ser pesquisadores. Nosso conhecimento dá título a muitos doutores.

Quando Vanda Ortega fala, todos escutam. Ela transpõe sua alma para o universo, alimentando a cultura ocidental com a cosmologia indígena. Traduz em palavras o canto dos pássaros, o verde das árvores, a beleza das flores e aproxima cada um de nós à leitura das paisagens exuberantes da Amazônia e do imponente Alto Solimões.

Derekine carrega consigo dores, lutas, mas também amorosidade e sonhos. Mas quando lembra da morte dos seus parentes em luta, sente e lamenta:

– Dói na minha alma, meu corpo sente. Se está ferindo um, está doendo aqui em mim.

A imbricação de almas torna singular a espiritualidade indígena. São almas que se conectam, protegem-se e perpetuam-se em meio a tantas adversidades e genocídios por vezes legitimados por instâncias de poder.

Mas Vanda Ortega resiste, fala e luta.

Luta é seu sobrenome...

Com a emergência da COVID-19[2] na cidade de Manaus, vários territórios sofreram impactos, alguns mais severos que outros. O Parque das Tribos foi um dos que mais sentiu as consequências socioeconômicas da pandemia, apresentando problemas como falta de alimentos e água. A chegada de Vanda no bairro foi, no mínimo, peculiar. Precisamos conhecer como tudo aconteceu.

Em uma tarde de um dia comum, a Universidade do Estado do Amazonas (UEA) divulgou a seleção de 15 alunos indígenas para tomar posse de terrenos no Parque das Tribos. Vanda participou do processo seletivo e, por ter todos os requisitos exigidos, foi selecionada para construir sua casa no bairro.

---

2 COVID-19 - O coronavírus (COVID-19) é uma doença infecciosa causada pelo vírus SARS-CoV-2.

Chegou às 7h para aguardar a chegada do Sr. Messias, responsável pela distribuição dos terrenos no bairro. As horas passaram, o dia começou a cair e o Sr. Messias só chegou às 17h. Vanda recebeu o terreno e se deparou com um cenário totalmente diferente do que imaginava: ausência de infraestrutura, água, luz etc.

Ela começou a pensar no quão difícil seria consolidar uma moradia diante daquelas circunstâncias. Além disso, houve relatos assustadores do bairro adjacente, a Cidade das Luzes. Narrativas contando as histórias dos tiroteios e do tráfico de drogas eram comuns naquela região.

Só tinha uma exigência, construir no prazo de 30 dias. Os demais alunos, diante do quadro apresentado, desistiram da moradia. Vanda conseguiu comprar material de construção e um carro graças à rescisão de contrato de trabalho que recebeu da Tortas e Tortas.

Em todo o processo de construção, contou com o apoio de Sidnei e, aos poucos, conseguiram modificar aquele cenário caótico que foi apresentado inicialmente.

Vanda foi a primeira estudante indígena a construir moradia naquele bairro. O respeito e a admiração das outras pessoas por ela surgiram quando ela começou a participar das reuniões do Parque e demonstrar o quão importante era a existência do Parque das Tribos.

Ali havia uma riqueza cultural constituída por famílias indígenas de diversas etnias e municípios do estado do Amazonas. Logo o interesse em aprofundar ações voltadas à educação indígena emergiu e Vanda começou a aprofundar seus mergulhos em universos que não conhecia.

Ali, no Parque das Tribos, Vanda fortaleceu sua cultura e identidade. Pôde se conectar com o espiritual, com o não humano, com outras histórias, com a imaterialidade. A língua materna foi mantida como estratégia de resistência e de amor à cosmologia dos povos originários.

Mas nem tudo são flores. Durante a pandemia da COVID-19, houve uma escassez completa de água, energia, alimentos e saúde. Foi quando Vanda colocou em prática os seus conhecimentos e formação em enfermagem para ajudar os seus.

Ela se dividiu entre servir à saúde e lutar pelos direitos coletivos dos indígenas do Parque das Tribos. Foi assim que Vanda, vestida com equipamentos de biossegurança e atuando no combate e na assistência aos infectados pela COVID-19, protagonizou uma importante reportagem da CNN.

O cacique, conhecido como Sr. Messias, faleceu aos 53 anos em decorrência da COVID-19. Vanda sentiu uma profunda dor. Lembrou das conversas com ele, da luta e dos conselhos de vida. Essa vida que se foi deixou amor, mas também revolta pela ausência de infraestrutura: tudo poderia ter sido evitado se houvesse apoio do Estado.

Mas também houve vitórias nessa batalha travada contra a pandemia. Dona Maria, de 85 anos, permaneceu viva e disposta após os cuidados e toda a dedicação de Vanda.

Essa atuação na linha de frente da luta pela vida rendeu à Vanda Ortega visibilidade e reconhecimento e, além de sair na reportagem da CNN, em seguida seu rosto e sua história foram estampados na capa da revista Vogue.

A sabedoria herdada da mãe, o entusiasmo pela vida herdado do pai e a força da avó foram os preceitos que moldaram e moldam as ações de Vanda. O amor ao próximo não é só uma escolha, mas uma arte expressa no dia a dia. E disso ela entende.

Quando podia ser chuva, ela foi sol. Quando era para cair, ela se levantava. Quando era para ceder, ela mudava de caminho. E quando era para desistir, ela lutava. Ah, e como lutava. Lutava tanto que teve o seu rosto pintado nos muros da cidade de Manaus. Seu rosto representa esperança.

Os sonhos de Vanda partem da alma voadora, livre e comprometida que tem. Por serem alimentados por esse espírito ancestral, seus sonhos se tornaram coletivos: a busca pela valorização da língua nativa, o reconhecimento da importância da cultura indígena e a sede de um mundo melhor, igualitário e que respeite todas as diversidades existentes no mundo. Essas são as bases dos sonhos de Vanda.

Um mundo sem medo e sem mortes. É pedir muito? Não, não é. Mas por que os povos indígenas são tão perseguidos? Por que ter que lutar tanto por direitos que deveriam ser respeitados e garantidos?

Muitas perguntas e poucas respostas. Em uma estrutura que materializa e reforça essas desigualdades, ainda bem que existem Vandas, Derekines, mulheres, indígenas, pessoas que pensam e lutam incansavelmente por um mundo melhor.

"O significado do meu nome é formiga brava."

De que forma você luta? Como você alimenta sua alma? Vanda sabe essa resposta. Ela sabe o que tem, o que quer e onde vai chegar. Aquela criança que corria ao redor do campinho é a mesma que sonha com coisas grandes: a criação e desenvolvimento de um ateliê e projeção internacional capaz de levar a cultura dos Witoto e de outras etnias mundo afora.

Depois de sonhar tanto, é possível que ela não alcance esse voo? Difícil imaginar o insucesso quando pensamos na força de Derekine.

Do centro da terra ao mundo afora, eis Vanda Ortega.

CAPÍTULO

04

O AMOR PODE NASCER DAS CINZAS?

Estamos acostumados a acompanhar histórias de amor como se fossem verdadeiros contos de fada. O amor não é uma definição, diferentes pessoas possuem distintas linguagens do amor. Muitas mulheres idealizam conhecer seus amores em bibliotecas, igrejas, viagens, universidades.

Porém, o amor pode se apresentar de diversas maneiras. A pessoa certa nem sempre é aquela que não fuma, não bebe, que estuda e que trabalha. Não existem rótulos quando o assunto é amor.

A história de amor de Vanda não se encaixa em nenhuma dessas caixinhas tradicionais que idealizamos ao longo da vida. Não é de se surpreender, agora que conhecemos a trajetória dessa mulher ímpar.

O amor vivido por Vanda Ortega também teve medos, inseguranças, realizações e transformações.

Durante o carnaval, no dia 12 de fevereiro de 2013, Gina convidou Vanda para ir a uma festa de rua no bairro Santo Agostinho. Vanda não queria sair naquela noite. Mas todos se arrumaram e, naquela animação típica de carnaval, ela se deixou contagiar e foi.

Era uma festa não muito comum. Fecharam as ruas da avenida principal e as pessoas ficaram na frente das casas conversando, bebendo e dançando.

Para Vanda, dançar era uma arte, ela dançava quando criança e isso sempre fez parte do seu imaginário Witoto. Ela começou a dançar e a gostar do clima festivo da festa de rua.

Entregou-se tanto à festa que, em um momento de distração, sentiu uma mão tocar a sua e uma voz:

– Oi, tudo bem? Posso pegar seu número?

Achou tudo aquilo estranho, mas ficou impressionada com os olhos claros daquele rapaz, Sidnei. Não deu muita bola, estava em um momento da vida que não queria se relacionar com ninguém.

A noite passou, a festa continuou e Sidnei se aproximou novamente:

– Você pode me passar novamente seu número? Acho que não salvou naquela hora.

Vanda se irritou com a situação, afinal, se ele quisesse teria salvado com atenção na primeira vez. Respondeu sem muitos rodeios:

– Não vou passar mais meu número.

Vanessa, amiga de Vanda, escutou aquele diálogo e interveio:

– Me dá teu telefone que eu salvo o número dela.

Vanda não deu atenção a ele, mas reparou que Sidnei estava com um cigarro pendurado na orelha:

– Você fuma?

– Não fumo, estou só segurando esse cigarro para um amigo meu.

Vanda desconversou e voltou a ficar perto de sua família, dançou com os primos e curtiu a noite. Mas não esqueceu a voz e o sotaque diferente de Sidnei, do Rio Grande do Sul.

No dia seguinte, ao acordar, viu que tinha uma ligação perdida às 6h e uma mensagem:

– Bom dia, gata.

Gata era uma palavra que Vanda odiava ouvir, remetia à memória de quando passava na frente dos bares e escutava essa palavra de homens bêbados.

– Por favor, não me chame de gata. — foi sua resposta à mensagem recebida.

– Desculpa, Nanda. – respondeu Sidnei.

– Meu nome não é Nanda, você está mandando mensagem para a pessoa errada. – respondeu Vanda com a irritação nas alturas depois da sequência de gafes do rapaz.

Sidnei rapidamente explicou que queria falar com a moça que dançava bem e que reparou no cigarro na orelha dele. Assim, a conversa começou a fluir melhor, terminando com uma ligação.

Sidnei se mostrou atencioso durante esses primeiros contatos. Marcaram de se encontrar na folga de Vanda, na frente do DB, um supermercado localizado no bairro da Ponta Negra, na cidade de Manaus.

Vanda chegou no horário marcado e esperou Sidnei por muito tempo. Cansada, telefonou para ele, que atendeu bêbado dizendo que não ia mais encontrá-la porque estava cansado e tinha que trabalhar cedo no outro dia, mas no fundo da ligação foi possível ouvir muitas vozes de mulheres.

Vanda sentiu tristeza, raiva, e lembrou de situações dolorosas como essa que havia vivido no passado. Mas Sidnei percebeu a voz de decepção durante a ligação e chegou voando no local do encontro, ainda em tempo de encontrar Vanda. Nesse dia conversaram um tanto, abraçaram-se e logo se despediram.

No dia seguinte, Sidnei enviou uma mensagem longa expondo seus problemas com bebidas, drogas e mulheres e disse que não queria fazê-la sofrer. Abriu de forma objetiva a sua subjetividade e Vanda, ao mesmo tempo que ficou reflexiva, percebeu que estava se envolvendo afetivamente. Aquela história estava só começando.

Continuaram conversando e conhecendo o lado carinhoso, atencioso, companheiro e engraçado um do outro.

Mas os desafios e dificuldades aparecem pelo caminho de toda relação. Certo dia, Sidnei, novamente, não apareceu para o encontro marcado e às 4h ligou bêbado dizendo que estava correndo perigo. Vanda ficou nervosa e apreensiva e, 15 minutos depois, foi surpreendida com Sidnei batendo na sua porta. Ele entrou desesperado e chorou copiosamente nos braços de Vanda.

Com o coração apertado, ela percebeu naquela atitude a vontade que ele tinha de mudar de vida. Por horas ficaram conversando no sofá, ela e ele se escutando atentamente.

No dia seguinte, ao acordarem, Sidnei pediu Vanda em namoro, mas ela não aceitou. Tinha medo, não se sentia segura com toda a instabilidade emocional que viu na noite anterior.

Sidnei realmente começou a mudar, deixou as drogas, a bebida, fez novas amizades e finalmente recebeu um sim de Vanda. Começaram a namorar.

Os dias passaram e a relação do casal só se fortaleceu, mas logo surgiu uma oportunidade de trabalho no Rio Grande do Sul e a insegurança de Vanda voltou, sentia que a distância poderia comprometer a relação.

A vontade de estarem juntos e o carinho diário eram o aconchego dos dois, então pensavam como contornariam tanta saudade. Antes de viajar, Sidnei foi presenteado por Vanda com uma roupa especial:

– Quero que você volte com essa roupa, quero te receber vestido assim no aeroporto.

Ele sorriu com os olhos cheios de lágrimas, sentindo que aquele era um ato de amor.

Após cinco dias, por telefone, Sidnei apresentou a namorada para toda a família.

"Quero que você volte com essa roupa, quero te receber vestido assim no aeroporto."

Esse foi um tempo importante para ele perceber o quanto amava Vanda, como ela era especial, e se deu conta de que encontros fortes assim são raridade no mundo.

A saudade foi grande, mas a vontade de estar junto foi maior ainda. Sidnei juntou todo o seu dinheiro e comprou uma passagem de volta. Ligou para Vanda e avisou que chegaria em poucos dias. O coração de Vanda bateu forte, como se tudo o que um dia não fazia sentido, a partir daquele momento, passasse a fazer.

Quatro horas antes do voo chegar, Vanda já estava ali, na frente do portão de desembarque, esperando ansiosamente a chegada do seu amor.

Sidnei chegou, o portão de desembarque abriu e Vanda viu Sidnei com aquela roupa especial. Eles se abraçaram e ali foi onde começou uma grande história de amor. Amor construído, amor lutado, amor transformador, amor impulsionador.

Diferente de muitas histórias, a de Vanda surgiu nesse contexto adverso. Sua paciência, calma, amorosidade e determinação foram fundamentais para alicerçar esse amor, que segue fluindo e se fortalecendo há dez anos.

Sidnei é companheiro para todas as horas. Foi ele quem atravessou a cidade para levar o documento de Derekine até a universidade no dia do vestibular. Ele é um grande motivador de Vanda. É o parceiro que ela escolheu para passar sua vida e não se arrepende de nenhum segundo dedicado, no início, à construção dessa parceria.

A escolha de uma pessoa para se casar é muito subjetiva. Tem a ver com sonhos, com formas de viver e com maneiras de ver o mundo. O amor de Sidnei e Vanda permite que ela viaje pelo mundo em busca dos seus sonhos contando com o apoio incondicional e a confiança de Sidnei.

Esse amor é leve, é impulsionador de utopias. Penetrou na alma de pessoas extremamente diferentes, mas dispostas a evoluírem juntas. Porque nem sempre encontramos a pessoa que idealizamos, mas aquela que nos encoraja a sermos o melhor de nós.

CAPÍTULO

05

COSTURANDO HISTÓRIAS E O ATELIÊ DA VIDA

Os sonhos são sonhados quando estamos acordados. A vida é uma caixa de surpresas. Muitas coisas que parecem não ter sentido ou significado possuem simbologias, subjetividades e afetos. O rio, as florestas e as terras se apresentam à paisagem, conjugando a alma da Mãe Terra. E no desenrolar da vida, nos metamorfoseamos.

Poetisa, compositora, mulher, Witoto, empreendedora e amorosa. Assim é Vanda. Cheia de vida, de vontade de fazer as coisas acontecerem. Sua trajetória sempre foi de luta em defesa dos interesses dos povos indígenas da Amazônia e de fora dela. Seus sonhos sonhados partem desse compromisso e dedicação a essa pauta universal.

Vanda tem o olhar calmo e um sorriso que esboça amor e, ao mesmo tempo, sangue nos olhos. É crítica das injustiças sociais e criadora de um mundo melhor e possível. Vanda surge e ressurge sob diferentes prismas. Sua alma empreendedora revela as inúmeras dificuldades que passou ao longo da vida. Uma fênix, uma Witoto:

– Meu grande sonho é construir uma grande maloca onde os velhos possam contar suas histórias, onde as crianças possam escutar e construir suas identidades. Que a gente não teve. Eu quero que meus sobrinhos possam ter esse lugar de se reconhecer enquanto Witoto. Pra que a gente diminua e desconstrua todos esses estereótipos de preconceito.

O conhecimento oral representa muito na ancestralidade dos povos indígenas. A língua nativa é uma estratégia de resistência. As palavras, materializam uma identidade, formas de ver o mundo, modos de viver e maneiras de produzir e reproduzir a vida.

O canto dos pássaros. Ah, o canto dos pássaros... não são somente sons, são esboços de uma relação particular com a natureza. As águas inundam sonhos, as terras semeiam os caminhos e as florestas dão os frutos que podem nascer dessa semeadura coletiva. A partir dessa visão de mundo, desse pensamento, emergiu o ateliê de Vanda.

O ateliê é uma continuidade de um sonho ancestral, herança matriarcal:

– Minha mãe já sabia costurar desde lá de onde ela vem. E a irmã dela era uma grande costureira lá onde elas moravam. Na cidade, minha mãe foi fazendo reparos em roupas. Quando era período de escola, minha mãe fazia roupas pros alunos, pras formaturas. E ajudava a comprar alguma coisa, a comprar um peixe e tal. A ideia do ateliê surgiu na pandemia. Sempre foi um sonho da minha mãe ter um curso de modelar, um espaço de costura.

Ano de 2021, em meio à crise da pandemia COVID-19: foi nesse contexto que Vanda inaugurou o ateliê. Ali é mais do que uma oficina de costura, é onde pode manter os saberes do seu povo. Em vez de costurar roupas, passaram a costurar máscara facial para proteger os parentes do vírus. E o que poderia ser um momento de dificuldade, foi de oportunidades.

Não tardou e o ateliê foi contratado para a confecção e produção de três mil máscaras. O sentimento de reconhecimento e o entusiasmo pelas potencialidades desse novo desafio assustaram positivamente e alegraram Vanda e as demais mulheres indígenas empreendedoras. Eis que o empreendedorismo passa a vislumbrar outras escalas...

Após esse pontapé inicial e a entrega das máscaras, mesmo com tantas dificuldades de infraestrutura e equipamentos, Vanda ingressou em um curso de empreendedorismo só para mulheres:

– Eu fiz o corte de uma roupa pensando no nosso povo e pensando nesse fortalecimento dessas mulheres, numa renda para elas que são mães solteiras, não têm trabalho. Esse é um trabalho que essas mulheres podem fazer pra gerar uma renda. E a gente começou a se fortalecer.

O ateliê nasceu com esse objetivo, ser um espaço de fortalecimento das mulheres indígenas. Mulheres fortes, cheias de vida, que vivem na cidade com a floresta no coração. Que veem a modernidade e mantêm as suas tradições, suas culturas, seus costumes... Em um mundo dominado pelo reconhecimento somente da força de trabalho masculina, observamos iniciativas como essas sendo invisibilizadas.

A pergunta que você deve estar fazendo é: por que isso acontece? Porque, historicamente, o mundo se desenvolveu através de um pensamento individualista, separatista, criou estruturas de classes bem definidas que estabeleceram desigualdade de oportunidade entre homens e mulheres, desigualdade social e econômica. Mas em pleno século XXI? Sim, em pleno século XXI. Mas acredite, mudanças estão acontecendo, lutas coletivas estão se fortalecendo e precisamos estar atentos à criação de outros mundos possíveis.

O amor pela coletividade, o cuidado com as pessoas e o respeito à

"A gente quer que as pessoas consumam esse produto, mas vestindo as nossas histórias, preservando uma memória."

natureza. É com a alma cheia de sonhos que Vanda caminha, é o que dá sustentação para que ela possa ser a mensageira da história dos Witoto e de outros povos indígenas nos quatro cantos do mundo. Para ela, a união das mulheres Witoto é um passo necessário para a conquista de autonomia:

– A gente criou um grupo de mulheres a partir também dessa costura. Nossos grafismos, uma vez que tem a história do grafismo nessas pedras, vão nos levar pra estar onde a gente não consegue ir. Então, alguém que compra uma peça do ateliê vai estar vestindo a nossa história, vai estar levando cada pedaço da mulher que produz. E a partir do momento que for crescendo, vamos agregar mais mulheres. É um pouco disso, é ter um trabalho, porque a maioria dessas mulheres é mãe solteira e precisa dar alimento para as suas crianças. É uma geração de renda para essas mulheres.

O toque das mãos, os detalhes de afeto, a subjetividade em cada traço, em cada grafismo. Assim é a arte dessas mulheres: uma arte que expressa o caminho percorrido por cada uma, uma pintura e costura que traduzem a forma que veem o mundo.

O amarelo do sol, o vermelho do fogo, o azul da água. Cores compondo uma melodia silenciosa. As roupas são expressão de silêncio e barulho, de resiliência e luta. O ateliê de Vanda Ortega é um espaço polissêmico, é um espaço dialógico de trocas interculturais, é um espaço econômico e, sobretudo, um espaço sociocultural.

A arte não cabe em um bolso, ela extrapola fronteiras, está na alma de Vanda e dessas outras mulheres. Adquirir uma arte indígena não é só consumir os produtos, é contemplá-los, é levar no peito e no coração os Witoto, os Sateré, os Yanomami, os Mura, e toda a história de resistência e sobrevivência de um povo.

– Esse ateliê não é só costurar roupa. A gente constrói a nossa história, a nossa identidade, a educação dos nossos filhos, costura histórias, ressignifica nossas histórias. Esse espaço físico é muito simbólico, porque é ali que a gente vai fazer os cortes, os grafismos e a costura. Mas ele é muito maior pra nós, mulheres indígenas. É muito maior do que um ateliê de costura. Eu penso futuramente de estar produzindo roupas pra outras mulheres que possam vestir também essas histórias e compartilhar as nossas histórias. Isso é muito importante. – para Vanda, esse é o valor do ateliê.

Uma história pode ser contada de várias formas. Vanda escolheu contar a do seu povo assim, por meio dos grafismos, da costura, dos cortes. Histórias contadas por mulheres, muitas delas enfrentando inúmeras dificuldades, porém cheias de vontade de viver e de ser o que são.

Tempo passado, tempo presente e tempo futuro. Os filhos, que acompanham as mães no ateliê, ouvem silenciosamente a história de cada grafismo, de cada símbolo utilizado na pintura. Assim, costuram o conhecimento para além do tempo e a cultura Witoto se mantém viva.

As linhas tecem o tempo e os desafios se transformam em horizontes possíveis. O tradicional e o moderno se fundem e constroem outros arquétipos, novas formas de expressão.

O espaço do ateliê é pequeno, mas Vanda é tecelã de sonhos e vai preenchendo os espaços vazios, transformando os desafios em arte e movimento. Todas sonham com uma estrutura física, uma maloca onde possam se sentir em casa para trabalhar coletivamente e voar mais alto.

Vanda é movimento, é luta, é amor, é alma, é vida e também é morte. Com seu poder de realização decreta morte à estrutura patriarcal que oprime as mulheres, morte às desigualdades, à falta de oportunidade, morte ao desrespeito, ao genocídio e ao medo de crescer.

O ateliê não é uma simples proposta de consumo de moda, mas um convite à preservação da história Witoto:

– Não queremos produzir só por produzir. A gente não quer só gerar consumo, a gente quer que as pessoas consumam esse produto, mas vestindo as nossas histórias, preservando uma memória, se conectando com nossas histórias, conhecendo nossos povos. Eu acho que isso é um trabalho que a gente tem feito, sabe, de não fazer apenas uma camisa, é uma história que está sendo contada, carregada, costurada, que tá sendo levada pra outras pessoas. — esse é o princípio do ateliê para Vanda.

Todo esse movimento destemido fez de Vanda referência: uma liderança feminina, indígena, visionária e empreendedora. Suas ações valorizam a vida em todas as suas formas. Seu viés empreendedor a levará, junto com outras mulheres, a caminhos produtivos. Uma nova história está sendo escrita.

“O sentimento de violação da terra é como a dor de uma mãe que perde seu filho.”

Do centro da terra às margens do Alto Solimões e, agora, para o mundo. Vanda Ortega, como você representa seus parentes! Quando você fala, todos se calam. Seu respeito não é imposto, é conquistado. Sua alma genuína prova a todos que há solução e alternativas para os problemas do mundo. Seu silêncio é nossa paz, mas seu grito é também nossa luta.

Que todos os desafios que você enfrentou possam ser compreendidos por aqueles que viveram situações semelhantes, mas também por aqueles que não viveram. Esse livro ocupará espaços que talvez nem você imagine. Seu ateliê, em forma de maloca, será construído ao som das melodias que você mesma criou.

Por todo o povo Witoto, por todos os povos indígenas, por todas as mulheres, voe alto, Vanda Ortega.

Você ajudou a escrever este novo capítulo da vida
da Vanda ao comprar este livro.

Quer saber o que aconteceu?

Acompanhe pelo site:
https://biografiascolaborativas.com.br/biografia/vanda/capitulo-final